ANTONIA MORALÈS,

DRAME EN TROIS ACTES ET EN PROSE,

PAR

ANDRÉ DE BELLECOMBE.

Personnages de la pièce.

LE MARQUIS DE CARVAJAL, grand d'Espagne, capitaine des gardes de Sa Majesté Philippe V.
LE COMTE ROBERT D'AUBIGNY, attaché à l'ambassade de France (sous le nom de Léonardo).
LE DUC DE CASTELFIOR,
LE BARON LOUIS DE MENDOCE,
DON SANCHE D'ALMÉIDA,
DON ALVAR DE MONCADE,
} amis de Carvajal.
FABRICE PÉTRUCCI, confident de Carvajal.
ANNE DE LA TRÉMOUILLE, princesse des Ursins.
ANTONIA MORALÈS, jeune orpheline, amante de Léonardo (comte Robert d'Aubigny).
UN OFFICIER DES GARDES DU ROI.
GARDES.
UN LAQUAIS DE CARRAJAL.
QUATRE DOMESTIQUES DE CARRAJAL, déguisés en officiers de l'Inquisition.

La scène se passe, dans les deux premiers actes, à Madrid, et dans le troisième, au château de Carvajal.

ANTONIA MORALÈS.

ACTE PREMIER.

SCÈNE Iʳᵉ.

Un salon de réception du marquis de Carvajal. — Cabinet à droite du spectateur. — Grande porte au fond.

LE MARQUIS, UN LAQUAIS.

LE LAQUAIS.

Monseigneur, voici vos lettres.

LE MARQUIS.

C'est bon, je verrai cela tout à l'heure... Fabrice est-il rentré ?

LE LAQUAIS.

Il attend vos ordres, monseigneur.

LE MARQUIS.

Fais-le monter.

LE LAQUAIS.

Je vous obéis, monseigneur.

SCÈNE II.

LE MARQUIS seul.

Par saint Jacques de Compostelle ! c'était une bien ravissante créature !... Jamais figure de madone italienne n'annonça plus de candeur et de modestie, jamais les vierges du divin Andréa del Sarto ne laissèrent deviner plus d'innocence et plus de sérénité, jamais le pinceau de Vélasquès da Silva n'a reproduit sur la toile espagnole des formes plus gracieuses et plus accomplies... Je suis amoureux de cette femme... je l'aurai !... Quinze jours se sont écoulés depuis, pourtant, sans avoir pu découvrir sa demeure... quinze jours !... c'est toute la vie pour moi... quinze jours !...

Espérer et attendre, voilà cependant comme se passe la moitié de notre triste existence... Il semble que la Providence se fasse un jeu cruel de nous inspirer des pensées étranges afin de nous faire mieux sentir, par l'arme de la déception, tout le néant de notre grandeur et de notre puissance terrestres... Illusions fatales de ce monde ambitieux et cupide, nul n'a senti mieux que moi le vide de vos fantastiques images, et néanmoins nul ne se laisse entraîner plus facilement par le courant de vos ondes perfides et mensongères... Fatalité !... fatalité !... que ton pouvoir est grand, puisque mon cœur, tout endurci qu'il est par l'expérience, se laisse prendre encore à l'amorce de tes séductions illusoires !

Mais, je réussirai!... je l'ai dit, je le veux. Tout désormais doit plier sous ma volonté de fer.

Ne suis-je pas, en effet, le plus riche et le plus brillant seigneur de la puissante cour d'Espagne?... N'ai-je pas savouré la coupe de l'amour sur les plus enivrantes lèvres que l'Escurial ait jamais reproduites dans ses glaces resplendissantes?

N'ai-je pas brisé plus de cœurs que l'on ne compte au ciel de brillantes étoiles?

Ne suis-je pas l'allié des Lara, des Médina Sédonia, des Tolède, des Aguilar?... le descendant des rois de Castille et d'Aragon par les femmes?... Ne m'appelle-t-on pas don Alonso-Pérès de Gusman y Pachéco, comte de San-Lucar et de Claraluente, vicomte de Fierramond et de Pignoranda, marquis de Carvajal, grand d'Espagne de première classe et l'un des capitaines des gardes de Sa Majesté catholique Philippe V, avant peu... Mais laissons cela... N'ai-je pas enfin à mon service...

SCÈNE III.

LE MARQUIS, FABRICE, *qui a entendu la fin du monologue précédent et qui continue la phrase commencée.*

FABRICE.

Moyennant deux mille ducats par an, le plus fin limier que la terre de Castille ait jamais porté dans son sein, le plus rusé fripon que protégea le vaste sombrero national; en un mot, Fabrice Pétrucci, l'homme par excellence de la sublime ville de Madrid... Tout cela est vrai, monseigneur, très vrai.

LE MARQUIS.

Trêve de tes qualités, maraud, et dis-moi le résultat de la mission que je t'ai confiée.

FABRICE.

En vérité, monseigneur, il faut convenir que vous me donnez terriblement de l'ouvrage... Deux mille ducats sont quelque chose, sans doute, mais avouez que je les mérite bien.

LE MARQUIS.

Je n'ai pas dit le contraire.

FABRICE.

Car enfin, sans parler de mes expéditions précédentes, il y a juste un mois de cela, je vous ai procuré cette jolie brune, Juanita Pépolo, que le prince de Cellamare essaya vainement de disputer à ma vigilance et à mon audace.

LE MARQUIS.

J'en demeure d'accord, Fabrice Pétrucci.

FABRICE.

Cette fantaisie ne vous coûta que la bagatelle de quatre cents ducats par soirée... Il y a trois semaines aujourd'hui, je vous ai déniché cette jeune blonde de la rue de la Posada, cette intéressante Pépita, pour la modique somme de six cents ducats par séance... Et maintenant...

LE MARQUIS.

C'est encore de toi que j'attends des nouvelles de la délicieuse créature que j'aperçus il y a quinze jours sur le Prado, à ma sortie de l'Escurial, où je ne suis pas allé depuis, tant cette apparition a exercé de l'empire sur moi... Tout cela est la vérité, mon cher Fabrice.

FABRICE.

Et vous devinez qu'on ne prend jamais en défaut votre serviteur fidèle?

LE MARQUIS.

Oh! je savais bien que tu m'en donnerais des nouvelles!... Allons! hâte-toi de calmer mon impatience, qui a été bien grande, puisque je n'ai pas encore ouvert ces lettres... et il y en a d'une assez grande importance.

FABRICE.

Cela doit être, sans doute; mais cela ne me regarde pas... chacun ses affaires... J'ai l'habitude d'aller droit au but... obliger vite, c'est obliger deux fois... c'est une devise des Pétrucci... Voici ce que j'ai à vous dire, monseigneur : Votre belle inconnue n'en est plus une aujourd'hui. Vous dire comment je m'y suis pris pour réussir dans mes recherches, c'est, je crois, parfaitement inutile pour vous, et il est d'ailleurs des secrets de notre métier que je serais fâché de communiquer à qui que ce soit. Le plus nécessaire pour votre seigneurie est de savoir que votre divinité se nomme Antonia Moralès, jeune orpheline qui vit de son travail dans une rue obscure et retirée, à bon droit appelée rue del Silentia... vous savez, la rue del Silentia qui débouche d'un côté sur la plaza Réal et de l'autre...

LE MARQUIS.

Dans la rue de San-Francesco... je sais cela, cher Fabrice... Son nom est, dis-tu, Antonia Moralès?... J'ai connu un Moralès qui était autrefois intendant de mon château de Pignoranda; mon père avait deux domestiques appelés Moralès dans ses écuries, et quatre soldats de la garde de Sa Majesté répondent à l'appel sous ce même nom de Moralès... Ce nom, comme tu le vois, est assez connu en Espagne.

FABRICE.

Que vous importe le nom, monseigneur?... Le père d'Antonia était un brave capitaine de l'armée espagnole qui a été tué dans la dernière guerre, où il servait sous les ordres du maréchal de Berwick... Son prénom était Pédro.

LE MARQUIS.

Le capitaine Pédro Moralès!... J'ai, en effet, entendu citer quelquefois ce nom dans les rapports de l'armée... Et la mère d'Antonia?...

FABRICE.

Mourut du chagrin que lui causa la perte de son mari et ne laissa à sa fille isolée que les agréments d'une jolie figure et d'une éducation très distinguée; mais, avec tous ces talents, la jeune orpheline serait mille fois morte de faim sans les faibles commandes de toilette que lui donnent par charité quelques maisons nobles de la ville.

LE MARQUIS.

Serait morte de faim, as-tu dit?... Où as-tu vu, Fabrice, qu'une jeune et jolie fille comme Antonia pût expirer de misère?... Tu connais bien peu la galanterie espagnole... Ainsi donc, cette gentille fleur a échappé à la destruction totale de cette intéressante famille des Moralès, et il faut avouer que ce serait dommage qu'il en fût autrement, car elle tient une place très distinguée au milieu des plus belles dont puisse s'enorgueillir le ciel de notre Espagne.

FABRICE.

Tout cela est vrai, monseigneur; mais il se peut aussi que cette fleur isolée ait attiré les regards de plus d'un papillon volage qui sera venu se laisser prendre, dans sa course légère et vagabonde, à la flamme brûlante de cette incomparable Dulcinée.

LE MARQUIS.

Ah! M. Fabrice Pétrucci connaît le langage poétique!

FABRICE.

Comme Protée, monsieur le marquis, je prends toute espèce de formes, et je sais, quand il le faut, déployer aussi des ailes gigantesques. J'ai été bien élevé, je m'en flatte. Le maître d'école du village de Rivera-Nigra, où j'ai pris naissance, était un maître homme; et dans toute l'Andalousie, il n'existait très certainement aucun magister comparable à Nicolo Barbafior de Montefossombrono... Mais laissons de côté le style métaphorique et mon digne pédagogue d'autrefois. Je voulais dire que vous auriez beaucoup de rivaux à combattre, ne fût-ce qu'un certain jeune hidalgo de l'université de Salamanque, qui s'est déclaré le chevalier errant de cette ravissante enchanteresse.

LE MARQUIS.

Tu sais que je ne crains pas la concurrence, Fabrice; j'ai aussi mes secrets en amour comme tu les as en hypocrisie, et l'expérience m'a donné pour l'avenir une certaine confiance dans mes moyens de plaire... Si le marquis de Carvajal ne réussit pas dans une entreprise semblable, c'est qu'alors la réussite est impossible à tout homme comme nous... C'est là tout ce que tu as à me dire?

FABRICE.

C'est là tout, monseigneur, aussi vrai que je m'appelle Fabrice Pétrucci... J'attendrai de nouveaux ordres...

LE MARQUIS.

Eh bien! mon cher Fabrice, je te dirai cette fois ce qu'un bon général d'armée doit dire à ceux qui ont bien combattu: Fabrice Pétrucci, je suis content de toi... et pour te donner un témoignage sensible de ma reconnaissance, dès ce jour tes gages sont portés à cinq cents ducats de plus... Es-tu content de moi, Fabrice?

FABRICE.

Je baise les mains à l'illustre seigneur don Alonso-Gusman y Pacheco, y, etc., etc. (A part.) Il ne sait pas que j'en ai reçu dix mille pour le perdre.

LE MARQUIS.

C'est bien, laisse-moi seul maintenant... Passe dans ce cabinet, où tu attendras que je t'appelle, car j'aurai bientôt besoin de toi.

FABRICE.

Je serai toujours prêt, monseigneur... Deux mille cinq cents ducats de gages!... vous pouvez compter sur moi... (A part.) Décidément j'enfonce tous les Pétrucci de l'univers.

(Il entre dans le cabinet à droite).

SCÈNE IV.
LE MARQUIS seul.

Antonia Moralès!... une jeune orpheline!... un étudiant de l'université de Salamanque!... tout cela est bon!... très bon!... excellent!... Marquis de Carvajal, cette femme est à toi... Mais ne négligeons pas des intérêts plus graves... ouvrons ces lettres intéressantes... voyons si notre conspiration politique marche... Celle-ci est du comte de Hatsfeldt, confident de Sa Majesté l'empereur d'Autriche :

« Tenez bon, Carvajal, tout va bien. » L'Angleterre se prononce en-
» core en notre faveur, et deux armées de cent mille hommes chacune
» vont se diriger sur l'Espagne... Nous comptons toujours sur vous. »

Et celle-ci du prince de Ligne :

« Nous sommes heureux de vous voir partager la haine que nous avons
» pour la France... Vos services seront récompensés. Albéroni et madame
» des Ursins renversés, vous devenez de droit premier ministre, et alors
» la monarchie revient à ses possesseurs légitimes ; car, avec votre se-
» cours, nous sommes sûrs de renverser Philippe. Carvajal ! du courage !
» du courage ! et toujours du courage ! »

Premier ministre, mon Dieu!... je n'avais jamais espéré cela... ou plutôt je n'avais travaillé que pour le devenir... pour devenir plus encore, s'il est possible!... Ne suis-je pas, en effet, le descendant des rois de Castille et d'Aragon par les femmes?... Et Philippe V renversé!... ô rêve de bonheur et de gloire!... tu vas donc te réaliser pour jamais!... Fortune!... je t'adore, je te vénère, je te bénis!... Antonia Moralès!... et la couronne d'Espagne peut-être!... oh! c'en est trop pour aujourd'hui, mon Dieu!... je succombe à ma joie!...

SCÈNE V.
LE MARQUIS, UN LAQUAIS.

LE LAQUAIS, annonçant :
Messieurs le duc de Castelfior, le baron de Mendoce, don Sanche d'Alméïda, don Alvar de Moncade.

LE MARQUIS.
Fais entrer.

SCÈNE VI.
LE MARQUIS, LE DUC DE CASTELFIOR, LE BARON DE MENDOCE, DON SANCHE D'ALMÉÏDA, DON ALVAR DE MONCADE.

LE MARQUIS.
Soyez les bien venus, mes très chers amis.

ALMÉÏDA.
Vive Dieu!... Mon cher cousin, qu'es-tu devenu depuis quinze jours?... Madame la marquise de Sandoval a remarqué ton absence.

CASTELFIOR.
De la misanthropie, mon cher, c'est plus que ridicule... c'est de la

folie!... Depuis quand les fleurs se dérobent-elles aux rayons caressants du soleil?... Dona Augustina de Haro m'a demandé trois fois de tes nouvelles.

MENDOCE.

De la compassion, messieurs, pour une victime de l'amour... Madame des Ursins lui témoigne, d'ailleurs, tant d'intérêt!...

ALVAR DE MONCADE.

Pitié pour Alonso de Carvajal, le mortel le plus heureux de tout le royaume d'Espagne et de la cour de Madrid, fi donc!... La jolie duchesse de Villahermosa est fort inquiète de vous, mon cher Cardénio!

CARVAJAL.

Mes bons amis, veuillez agréer mes sincères excuses... Des raisons, de grandes raisons, sans doute... Pourrai-je vous demander des nouvelles de Sa Majesté Philippe V, notre souverain maître?

MENDOCE.

J'ai vu le temps où monsieur le marquis de Carvajal ne se serait pas mis dans le cas de nous adresser une question semblable.

CASTELFIOR.

Et cette époque n'est pas, du reste, si reculée, que nous ne puissions nous en souvenir comme vous, don Luis de Mendoce!

CARVAJAL.

Eh bien!... je serai franc avec vous, mes joyeux compagnons de débauche... je suis amoureux; et, vous le savez, l'amour excuse tout.

ALMÉIDA.

Amoureux!... toi!... est-ce bien possible?... Je n'y crois pas.

MENDOCE.

Vous le voyez, messieurs, je l'avais deviné... notre ami Carvajal est une victime de l'amour.

MONCADE.

Et de quelle inexorable Xarife le marquis de Carvajal s'est-il fait l'Abindarraez fidèle?

ALMÉIDA.

Et de quelle Asturienne aux yeux noirs mon estimable cousin s'est-il constitué le chevalier errant?

CARVAJAL.

Ma réponse est prête, messieurs... Je vous répèterai seulement ce que je viens de vous dire... je suis amoureux. Cela doit vous suffire.

CASTELFIOR.

Ah ça, veux-tu nous faire croire que tu deviens un héros de constance et de fidélité?... Prends-y garde, Carvajal, les dames de la cour n'aiment guère l'amour platonique, et nous te connaissons trop bien pour croire que tu puisses jamais t'enrôler sous les étendards ridicules des paladins langoureux où des Amadis à la pâle figure.

MENDOCE.

Voyons, marquis de Carvajal, sur quelle fleur castillanne vos ailes vagabondes sont-elles venues se poser?

MONCADE.

M. le marquis est discret, messieurs.

CARVAJAL.

Et quand même je le serais... où serait le mal, je vous le demande?... J'ai toujours entendu dire qu'il ne fallait se vanter d'une chose que quand on la possède; on ajoutait même qu'il était mieux de ne pas se vanter du tout.

ALMÉIDA.

Le diable emporte les proverbes!... Nous savions cela comme toi, mon cher cousin ; mais, entre nous, quel serait le bonheur de l'homme à bonnes fortunes, si quelque peu d'indiscrétion ne lui était permise?... Pour moi, je vous avoue franchement que je ne me fais pas scrupule de confier mon secret à des amis dévoués et fidèles...

MONCADE.

Qui le confient de leur côté à d'autres amis dévoués et fidèles, en sorte que le jour même tout le monde peut connaître le secret de la comédie.

CASTELFIOR.

N'importe!... moi je suis de l'avis d'Alméida... Le mystère, messieurs, ne saurait me convenir... Que m'importe qu'une femme soupire pour moi, s'il m'est défendu de l'avouer hautement?... Messieurs, quand j'aime une femme et que cette femme m'aime... je l'affiche!...

MENDOCE.

Bravo!... c'est parler en véritable Espagnol!... Oui!... de la publicité en amour!... sans cela pas de plaisir.

CARVAJAL.

J'en conviens... Cependant, il est des cas où la discrétion est plus convenable.

MONCADE.

Ah!... tu fais l'hypocrite avec nous... Allons, Carvajal, laisse tomber le bandeau qui te couvre... car nous savons aussi bien que toi le nom de ta maîtresse.

CARVAJAL.

Ah!... pour cela, non, je vous le jure.

MONCADE.

Bah!... la duchesse d'Alméida!...

CARVAJAL.

Erreur, Moncade, erreur!

MENDOCE.

Non, ce n'est pas la duchesse d'Alméida, c'est la marquise de Montafior!

CASTELFIOR.

Où la baronne de Pégnafiel.

ALMÉIDA.

Ou bien madame des Ursins elle-même... Ah! pour celle-là, j'en suis sûr, j'ai vu de ses lettres.

CARVAJAL.

C'était bon pour le temps passé, messieurs ; mais maintenant... Tenez, je veux vous mettre sur la voie,... celle que j'aime n'est ni duchesse, ni marquise, ni comtesse... elle n'est pas de la cour... C'est une perle jetée dans la poussière et que je veux ramasser de la boue pour la mettre sur un trône d'or!... Devinez si vous pouvez, messieurs.

MONCADE.

Ah! mon ami Carvajal descend, je le vois, dans la classe roturière. Carvajal est blasé sur les femmes de la cour; quelque chanteuse des rues aura sans doute eu l'honneur d'impressionner monsieur le capitaine des gardes de Sa Majesté Philippe V... C'est joli, Carvajal!... très joli!... d'honneur!...

SCÈNE VII.

LES MÊMES, UN LAQUAIS.

LE LAQUAIS.

Une lettre pour vous, monseigneur.

(Il sort).

SCÈNE VIII.

CARVAJAL, LES SEIGNEURS.

CASTELFIOR.

Ah! je gage que c'est une lettre de son adorable maîtresse.

CARVAJAL.

Vous vous trompez, monsieur le duc; ce n'est que d'aujourd'hui seulement que je sais le nom de celle que j'aime... ce n'est donc pas elle qui peut m'écrire.

MENDOCE.

Diable!... que de mystère!

CARVAJAL.

Du mystère?... C'est possible... Tout ce que je puis dire, messieurs, c'est que si vous l'aviez vue comme moi, vous partageriez sans doute mon admiration pour elle... Il est impossible, je crois, de résister à ses charmes.

ALMÉIDA.

Si nous la connaissions, as-tu dit?... Craindrais-tu, par hasard, des rivaux, puisque tu refuses de nous dire son nom?... Tu es égoïste, mon cher.

MENDOCE.

Autrefois les chevaliers n'en usaient pas de la sorte... Triompher d'un rival, c'est triompher deux fois.

MONCADE.

Fi donc!... de la crainte et de la lâcheté?...

CARVAJAL.

Messieurs!... je ne suis ni lâche ni traître, et je ne crains pas votre concurrence... J'aime cette femme, et je l'aurai, car je le veux... Maintenant, si quelqu'un de vous veut se poser dans l'arène contre moi, qu'il me jette son gant de bataille... Je gage mon château de Fierramond que ce soir Antonia Moralès sera ma maîtresse.

TOUS, avec étonnement.

Antonia Moralès!

CARVAJAL.

Elle-même, messieurs... La connaissez-vous?

CASTELFIOR.

Qui ne connaît la plus belle rose que Madrid possède dans son sein?... Mais tu ne réussiras pas, Carvajal.

CARVAJAL.

Je ne réussirai pas?

TOUS.

Tu ne réussiras pas!

CARVAJAL.

Et comment le savez-vous, que je ne réussirai pas?

CASTELFIOR.

Je le sais, moi, messieurs, car je lui ai fait proposer mille ducats pour être ma maîtresse, et elle les a refusés... Tu ne réussiras pas avec de l'argent, Carvajal.

MENDOCE.

Je le sais, moi, messieurs : je lui ai offert mes terres de Grenade et d'Andalousie pour satisfaire la passion que j'avais pour elle, et elle a repoussé ces offres avec horreur... Tu ne réussiras pas avec ton immense fortune, Carvajal!

ALMÉIDA.

Je le sais, moi, messieurs : je l'ai menacée de l'inquisition si elle ne se rendait à mes désirs, et elle m'a chassé de chez elle comme un vil scélérat... Tu ne réussiras pas par la crainte, Carvajal!

MONCADE.

Je le sais, moi aussi, messieurs, car j'ai levé mon poignard pour m'en frapper à ses yeux si elle n'acceptait mon amour et le titre de ma maîtresse, et elle m'a répondu que les jeunes cavaliers de la cour ne se tuaient jamais pour une femme insensible... Tu ne réussiras pas par l'hypocrisie, Carvajal!

LES SEIGNEURS, ensemble.

Oui!... nous la connaissons tous... Albéroni cherchait une femme qui pût supplanter madame des Ursins auprès du roi Philippe; on a proposé à Antonia Moralès de devenir la maîtresse du roi, et elle a refusé avec mépris... Tu ne réussiras jamais, Carvajal!

CARVAJAL.

Je ne réussirai pas, messieurs!

TOUS.

Non, tu ne réussiras pas, Carvajal!... Car cette femme n'est pas une femme comme les autres femmes... car son amour n'est point corrompu par le souffle impur du monde ni flétri par la misère et la pauvreté, parce que son âme est d'une espèce trop privilégiée pour s'abandonner jamais à l'amour profane d'un mortel comme nous... parce qu'enfin cette femme est un ange!...

CARVAJAL.

Un ange pour vous, sans doute, parce que vous vous y êtes mal pris pour arriver à votre but... Mais pour moi!...

TOUS.

Un ange pour toi comme pour nous, Carvajal... Tu ne réussiras jamais.

CARVAJAL.

Eh bien! messieurs, je dis que je réussirai... Ce que vous n'avez pas fait, vous, mes gentilshommes, moi, marquis de Carvajal, je me fais fort de le faire... Je gage toute ma fortune contre vous : mon château de Fierramond contre toi, d'Alméida; mon château de San-Lucar contre toi, Castelfior; mes terres de Pighoranda contre toi, don Alvar, et mon château de Carvajal contre tes terres de Grenade et d'Andalousie, don Luis de Mendoce... que ce soir Antonia Moralès sera ma maîtresse... Un homme d'honneur n'a que sa parole... acceptez-vous, messieurs?...

TOUS.

As-tu bien réfléchi, Carvajal?...

CARVAJAL.

C'est donc vous qui êtes des lâches, messieurs!

TOUS.

Tu l'as voulu, Carvajal... nous acceptons... A ce soir!

CARVAJAL.

A ce soir!... A minuit sonnant je vous attends à mon château de Carvajal... Et maintenant, messieurs, vous allez me laisser seul, car je n'ai pas de temps à perdre.

TOUS.

A ce soir, as-tu dit?... Songe qu'il s'agit de toute ta fortune. Tu peux te rétracter encore.

CARVAJAL.

Les Carvajal ne se rétractent jamais!

LES SEIGNEURS.

Eh bien! soit, à ce soir!

CASTELFIOR.

A ce soir ton château de San-Lucar, Carvajal!

ALMÉIDA.

A ce soir ton château de Fierramond, Carvajal!

CARVAJAL, *les reconduisant.*

Oui, à ce soir... où Antonia Moralès!...

(Les seigneurs sortent).

SCÈNE IX.

CARVAJAL seul.

Ah!... je ne l'aurai pas!... C'est ce que nous verrons, messieurs. La parole d'un Carvajal est beaucoup, surtout quand elle est soutenue par l'habileté d'un Fabrice... Mais voyons cette lettre à mon adresse. (*Lisant.*) « A monsieur le marquis de Carvajal, grand d'Espagne. (*Ouvrant la lettre.*) Monsieur le marquis, une femme qui vous a aimé et que
» vous avez méprisée vous écrit cette lettre... Elle ne demande ni grâce
» ni pitié... Ce qu'elle vous dit, cependant, monsieur de Carvajal, c'est
» qu'elle sait que vous l'avez quittée pour une autre, et qu'elle saura
» s'opposer à l'exécution de vos infâmes projets... On peut tromper im-
» punément une femme ordinaire; quant à moi, don Alonso, je puis et
» je sais me venger... N'oubliez pas que je suis française de naissance
» et que j'ai toute la fierté d'une Castillane... Je vous ai attendu... je
» saurai vous trouver... Il me sera, d'ailleurs, très facile de vous perdre.
» Au revoir, monsieur le marquis. Marie-Anne de la Trémouille, prin-
» cesse des Ursins. » Que me veut donc cette vieille folle?... Je ne suis pas homme à courber ma tête sous le joug de ses fantaisies... Elle me parle de vengeance!... elle ne sait pas elle-même ce qui l'attend si

je réussis dans mes projets, qu'elle est bien loin de connaître tous... J'accepte aussi son défi !... ce n'est pas trop pour le marquis de Carvajal !... Les obstacles ne sauraient arrêter ma marche impétueuse; je suis de ces hommes qui grandissent avec les difficultés et qui ne reculent point devant les entreprises les plus périlleuses... un seul baiser d'Antonia Moralès me consolera des persécutions ridicules de cette vieille mégère... Allons, de par tous les diables, laissons de côté cette exécrable sybille française !... Je n'ai pas de temps à perdre... (*Appelant.*) Fabrice !... Fabrice !

SCÈNE X.

LE MARQUIS, FABRICE.

LE MARQUIS.
Tu vas me suivre, Fabrice.

FABRICE.
Je suis à vos ordres, monseigneur... je suis prêt.

LE MARQUIS.
Écoute, Fabrice... songe qu'aujourd'hui j'ai besoin de toute ton adresse et de toute ton activité... C'est plus qu'une affaire d'amour propre... Il s'agit maintenant de toute ma fortune... Je compte sur toi.

FABRICE.
J'ai tout entendu, monseigneur... ce soir vous aurez gagné votre pari.

LE MARQUIS.
Tu m'en réponds, Fabrice.

FABRICE.
Si le marquis de Carvajal est toujours tel que je l'ai connu auprès des femmes, je puis lui répondre du succès... Je m'intéresse réellement à vous, monseigneur... Partons-nous ?

LE MARQUIS.
Un instant seulement... Vois-tu cette lettre ?

FABRICE.
Eh bien !... cette lettre...

LE MARQUIS.
Est de madame des Ursins... des menaces et des reproches...

FABRICE.
Cela se conçoit... vous l'avez abandonnée si brutalement.

LE MARQUIS.
Que me conseilles-tu de lui répondre ?

FABRICE.
Rien !... c'est la meilleure réponse que l'on puisse faire à une femme irritée... Cet orage se dissipera de lui-même.

LE MARQUIS.
Je pense comme toi là-dessus; mais, malgré moi, des idées sinistres viennent m'assaillir... Madame des Ursins est toute puissante auprès du roi.

FABRICE.
Laissez là ces tristes idées; songez à votre pari, à votre fortune et à Antonia !...

LE MARQUIS.

Tu ne sais pas tout, Fabrice Petrucci...

FABRICE.

Je ne vous comprends pas, monseigneur... (*A part.*) Il oublie que j'ai tout entendu.

LE MARQUIS.

Et tu ne dois pas le savoir... tu as raison, Fabrice... Sortons et hâtons-nous... j'ai besoin d'aller vite.

FABRICE.

Espoir et courage, monseigneur!... (*A part.*) Prenez toujours bien garde, monsieur le descendant des rois de Castille, de ne pas payer de votre tête vos prétentions à la couronne d'Espagne!...

LE MARQUIS.

Viens-tu, Fabrice?...

FABRICE.

Me voici, monseigneur... A la vie, à la mort!

FIN DU PREMIER ACTE.

ACTE DEUXIÈME.

La chambre d'Antonia Morales. — Cabinet à droite, comme dans l'acte précédent. — Porte au fond, à gauche du spectateur. — Une alcôve fermée par des rideaux.

SCÈNE Iʳᵉ.

ANTONIA, *seule*.

(Elle travaille à un ouvrage de broderie).

ANTONIA.

Doux rêve d'amour et d'espérance!... Illusion si belle de la vie!... vous allez donc vous réaliser pour toujours!... Une semaine encore, et Léonardo sera mon époux... Léonardo!... mon seul ami, mon frère, mon protecteur, mon amant!... Mon amant!... que ce mot est doux à prononcer quand on aime et quand on est aimée...; comme le cœur tressaille en présence de l'objet de notre idolâtrie; comme les paroles tremblent sur nos lèvres émues; comme les yeux se baissent en rougissant sous leurs cils affaissés!... Mon amant!... mon Léonardo!... oh! oui, je vais être heureuse, maintenant; car le ciel est juste, et j'ai tant souffert!... Pauvre jeune fille isolée dans ce vaste labyrinthe qu'on appelle le monde, j'ai grandi sous les regards indifférents d'une foule inconnue comme l'arbuste du désert s'élève sur les débris de sable amoncelé qui l'entoure; pauvre paria séparé de sa caste par les caprices de la destinée; pauvre frère éloigné de ses frères; pauvre enfant privé de l'ombre paternelle!... Les tigres déchaînés des plaines sauvages le déchirent de leurs cruelles morsures; les oiseaux l'égratignent de leurs serres aigues; les serpents le sucent de leur dent venimeuse, et cependant l'arbrisseau grandit et se développe; car Dieu lui a donné la sève de la vie... Ses rameaux, il est vrai, n'étalent d'abord que des feuilles tristes et décolorées, mais il suffit d'un ruisseau détourné de son cours par l'ordre immuable de l'Être suprême, pour le ranimer par la fraîcheur de ses ondes limpides et salutaires, et pour lui donner cet éclat précieux qui lui manque!... Ainsi, privée de mon père, de ma mère, de tout ce qui me fut cher au monde, sans autre appui que mon courage, sans autres ressources que mon énergie, j'ai vécu jusqu'ici triste et résignée, pauvre fleur exposée à la souillure empoisonnée du vice, conservant mon éclat au milieu de l'atmosphère corrompu des villes, et de la fange croupissante des cités... Dieu a eu pitié de mes pleurs et de mes larmes amères, et il m'a envoyé, comme à l'arbuste du désert, le frais ruisseau de la vallée!...

Cependant, au milieu des songes de bonheur qui viennent bercer mon âme doucement agitée, vient se mêler parfois une ombre formidable et terrible, étincelante et farouche... Il est de ces regards qui réjouissent et qui consolent, comme il en est qui blessent et qui épouvantent... Je ne sais pourquoi, j'ai toujours devant les yeux ce jeune homme, à la figure sombre et sinistre qui me suivait il y a quinze jours sur le Prado... Cet homme semble être le mauvais ange de ma vie; et quelque chose me dit qu'il la marquera d'une trace douloureuse et ineffaçable... L'expérience m'est arrivée à bonne heure, ayant eu à lutter tant de fois contre le déshonneur qui me menaçait.

Mais laissons ces tristes idées... N'ai-je pas maintenant pour me protéger l'appui de mon Léonardo?... Que puis-je craindre avec lui?... N'est-il pas aussi brave que beau, aussi généreux qu'honnête, aussi dévoué que sensible?... Un outrage pour Antonia n'est-ce donc pas aussi un outrage pour lui?... Oh! non, je ne crains rien, maintenant; mais, folle que je suis... je ne m'aperçois pas que mon ouvrage est terminé!... Allons bien vite le porter à la bonne Térésia, ma protectrice, et soyons de retour assez tôt pour recevoir mon Léonardo, qui ne tardera pas, selon son habitude, à venir m'apporter son bouquet du matin... Allons, vite vite! et dépêchons-nous...

(Elle sort en emportant son ouvrage et laisse la porte entr'ouverte).

SCÈNE II.

MADAME DES URSINS, FABRICE.

FABRICE.

Personne!... Il paraît, madame, que la jeune fille est sortie... Seriez-vous disposée à l'attendre?...

MADAME DES URSINS.

Très certainement, Fabrice, je l'attendrai (*elle s'assied après un moment de silence*). Ainsi donc M. le marquis de Carvajal n'a fait aucun cas de ma lettre?

FABRICE.

Si peu de cas, madame, qu'il est sorti peu d'instants après l'avoir reçue et qu'il attend, dans un cabaret voisin, le succès de mes démarches en sa faveur!...

C'est bien, Fabrice, laisse-moi seule... Pour toi, va prendre toutes les mesures que tu croiras nécessaires... Je m'en fie à ton zèle, et surtout à ton intérêt...

FABRICE.

Il suffit, madame la princesse... avec 10,000 ducats, on a certes bien le droit de disposer de nos faibles services.

(Il sort).

SCÈNE III.

MADAME DES URSINS, *seule*.

Étrange fatalité !... destinée incompréhensible !... C'est donc moi, Marie-Anne de la Trémouille, princesse des Ursins, moi, la fière dame française, issue du sang des rois !... moi, la maîtresse de Philippe de France, fils de Louis-le-Grand, moi, bientôt la reine d'Espagne !... qui suis réduite à courir lâchement sur les traces d'un jeune cavalier de la cour qui m'a trahie !... moi qui viens épier honteusement, au lieu de le punir par le silence terrible du mépris, celui qui m'a brutalement délaissée et qui m'a repoussée de ses bras, comme un insolent débauché repousse la courtisanne des rues, après s'être rassasié de ses impudiques caresses, comme un maître chasse un laquais dont il n'a plus besoin, comme on brise dédaigneusement un meuble, un objet quelconque, quand ils ne vous sont plus utiles !... moi, la princesse des Ursins !... Ah ! don Alonzo de Carvajal !... vous m'avez fait descendre, il est vrai, du piédestal superbe où mes talents et mon adresse avaient su me placer ; vous avez fait mendier à celle qui peut être votre reine, la couronne ducale d'un de ses sujets !... Je vous avais offert ma main, ma fortune, mon avenir en échange seulement d'un peu de votre amour !... je vous aurais comblé de mes bienfaits, et j'aurai fait retomber sur vous une partie de cette faveur que j'ai su conquérir entre mille rivales... tout cela... pour me voir méprisée, trahie, abandonnée par celui qui me doit tout !... par un lâche qui vend aux armées étrangères son pays, sa reconnaissance et son roi, dans le fol espoir de réaliser des projets enfantés par le délire de l'ambition la plus démesurée !... et j'aurai fait tout cela, moi !... pour me voir récompenser de la sorte !... non ! non ! Je me vengerai, M. le marquis, et ma vengeance sera aussi terrible que mon amour a été faible et dévoué !... don Alonzo, votre vie m'appartient encore, votre fortune, vos places, tout cela est à moi, et ce que la princesse des Ursins vous a donné comme favorite d'un puissant monarque, la souveraine d'Espagne peut vous les retirer encore !... Après la trahison de l'amant perfide, la vengeance de la femme irritée !... après l'amour, la haine !... après la haine, le poignard !... C'est juste... Mais voici Fabrice. Je ne sais pourquoi je tremble et je frissonne.

SCÈNE IV.

MADAME DES URSINS, FABRICE.

MADAME DES URSINS.

Eh bien !... Fabrice !...

FABRICE.

Vos ordres sont exécutés, madame, du moins en partie ; car je n'ai pu trouver la jeune fille... J'ai remis votre billet à Léonardo, en l'assurant de votre protection, mais son impatience est si grande qu'il est déjà sur mes traces.

MADAME DES URSINS.

Et le marquis?

FABRICE.

A donné dans le piége... Il ne tardera pas à se rendre ici.

MADAME DES URSINS, pâlissant.

Il va venir ici, mais je ne pourrai pas, je ne me sens plus la force de l'attendre... Non, cela m'est impossible... Lui parler à présent, je ne le puis... je ne le puis plus... (*elle s'appuie sur le bras de Fabrice*)...Sortons, sortons, Fabrice, sur-le-champ, s'il en est temps encore...

FABRICE.

C'est impossible, madame, vous seriez découverte... Reprenez donc tout votre courage ; car c'est à présent que vous aurez besoin de toute votre énergie.

MADAME DES URSINS.

Je ne puis... Je ne pourrai jamais, Fabrice, je me sens trop faible et trop émue (*comme effrayée*)... ; mais, quelqu'un vient, Fabrice, c'est lui peut-être, c'est Carvajal, où me cacher, mon Dieu!...

FABRICE, regardant autour de lui.

Je ne vois rien... et cependant le temps presse... Ah! dans ce cabinet... vite! vite!

(Il ouvre la porte du cabinet et s'y renferme avec la princesse qu'il porte presque dans ses bras).

SCÈNE V.

LÉONARDO, *entrant d'un air irrité, il tient une lettre à la main droite, et de l'autre une épée nue.*

LÉONARDO.

Oui, c'est un piége infernal!... Mais, par l'âme de mon père, cela ne se passera pas impunément... S'attaquer à Antonia! Antonia! un ange de vertu, de candeur, d'innocence... Antonia! ma seule amie, mon amante, mon épouse enfin. Ah! malheur à celui qui ose attenter à son honneur et à sa vie. Antonia est ma fiancée ; j'en réponds devant Dieu et devant les hommes, et je serai fidèle à mes serments ! Ne m'a-t-elle pas aimé, moi, le comte Robert Stuart d'Aubigny, attaché à l'ambassade de France, issu du sang royal d'Écosse et d'Angleterre, sans me connaître ni par mes titres, ni par mon nom, ni par ma fortune, sous le nom modeste de Léonardo, pauvre étudiant de l'Université de Salamanque. Et Léonardo l'abandonnerait, il délaisserait entre des mains profanes un bien si légitimement et si loyalement acquis par une tendresse à l'épreuve !... Et ce n'est pas un songe que tout ceci, mon Dieu!... Ce billet qui m'apprend les tentatives criminelles du marquis de Carvajal, en m'annonçant la protection de madame des Ursins, tout cela ne peut être un conte fait à plaisir, cela ne peut être que vrai... Eh bien! qu'il vienne donc ici, ce rival hypocrite et perfide ! ce marquis de Carvajal, comme on l'appelle !... qu'il vienne me disputer cette Antonia, que j'aurais déjà reconnue publiquement pour ma femme, si des papiers importants que j'attends de ma famille m'étaient parvenus à cette heure ; qu'il vienne se mesurer avec moi! moi ! Léonardo, qui ne daignerai pas reprendre seulement le nom que j'ai le

2

droit de porter pour le châtier comme il le mérite !... Qu'il vienne donc, je l'attends !... (*Se dirigeant vers la porte entr'ouverte.*) Mais quel est ce bruit étrange que j'entends : on monte, on se heurte, on se poursuit, la voix d'un homme, un bruit d'épée, le cri d'alarme d'une femme ! ce cri... je le reconnais... c'est-elle ! c'est Antonia !... Antonia !...

SCÈNE VI.

LÉONARDO, *l'épée à la main ;* ANTONIA, *se précipitant dans la chambre, et se jetant dans les bras de Léonardo.*

ANTONIA.

Au secours !... Au secours !... ô mon Léonardo !... Sauve-moi ! sauve-moi !..

(Elle tombe évanouie dans les bras de Léonardo ; Léonardo la dépose sur le lit, dont il ferme les rideaux).

LÉONARDO.

Antonia ! mon Antonia ! oui, je suis à toi !... Ne crains rien... je te défendrai... Qu'il vienne seulement.

CARVAJAL, *s'élançant l'épée à la main.*

Antonia ! Antonia ! tu ne m'échapperas pas...

SCÈNE VII.

ANTONIA, *sans connaissance ;* LÉONARDO *et* CARVAJAL, *l'épée à la main.*

CARVAJAL, *reculant étonné.*

Un homme ici !... Trahison !...

LÉONARDO.

Vous ne vous attendiez pas sans doute à une pareille surprise, monseigneur ; vous avez cru ne trouver ici qu'une jeune fille sans défense... vous vous êtes trompé, monsieur le marquis de Carvajal !

CARVAJAL.

Mon nom !... qui vous a dit mon nom, jeune homme ?

LÉONARDO.

Qu'importe, pourvu que je le sache... Mais vous ne répondez pas à ma question, monseigneur...

CARVAJAL.

Et quel titre avez-vous, jeune insensé, pour prendre sous votre protection cette jeune fille ?... Car, enfin, je puis vous demander de quel droit ?

LÉONARDO.

De quel droit, dites-vous ? Mais pourrais-je savoir quel est le vôtre pour vous trouver ici vous-même ?... Le droit que j'invoque, moi qui vous parle, c'est l'appui que le fort doit au faible, le courage à l'innocence, la force à la vertu... Voilà mon droit, marquis de Carvajal...

CARVAJAL.

Que n'ajoutez-vous plutôt le droit d'un amant pour sa maîtresse, et alors vous me trouverez plus disposé à vous croire... En admettant cette hypothèse, ne vous étonnez pas cependant que je ne cède point la place à un être aussi insignifiant que vous l'êtes... ; cette jeune fille me convenait depuis longtemps, je l'ai aperçue rentrant chez elle, je l'ai poursuivie, elle s'est enfuie, sans doute pour m'attirer ici, je l'ai suivie, et voilà comment le marquis de Carvajal se trouve dans la chambre d'Antonia Morales. Vous voyez que je mets de la complaisance et de la naïveté dans mon récit; maintenant vous allez me laisser aussi le champ libre, sans doute.

LÉONARDO.

Vous laisser le champ libre ! vous comptez donc sur ma lâcheté, M. le marquis !...

CARVAJAL.

Écoutez-moi, mon ami, rendez-moi cette épée, qui pourrait vous blesser dangereusement, peut être, car vous n'êtes pas sans doute habitué à porter une arme qui ne convient qu'à des gentilshommes comme moi... La guitare d'un chanteur des rues ou le pinceau modeste de l'humble artiste seraient mille fois mieux placés dans vos mains inexpérimentées que cette bonne lame de Tolède... Allons, ne vous le faites pas dire deux fois, et montrez-vous raisonnable en m'abandonnant cette jeune fille, qui mérite mieux sans contredit qu'un amant de votre espèce. Et puis, en faveur de votre soumission, je vous pardonnerai, jeune homme, la grave imprudence que vous venez de commettre en insultant, comme vous venez de le faire, le capitaine des gardes de Sa Majesté Philippe V !...

LÉONARDO.

Prenez garde à ce que vous dites, marquis de Carvajal; je ne suis déjà que trop irrité, et sans la présence de cette jeune fille... Je suis le maître de votre vie, car le maniement de l'épée ne m'est pas aussi étranger que vous paraissez le croire, et si l'un de nous doit sortir d'ici, ce que les circonstances rendent nécessaire, ce sera vous, s'il vous plaît, M. le capitaine des gardes de Sa Majesté catholique, qui prendrez cette peine!

CARVAJAL.

Et c'est bien à moi que vous osez parler de la sorte?...

LÉONARDO.

Oui ! c'est moi qui vous intime l'ordre de sortir sur-le-champ de ces lieux que votre présence vient de profaner d'une manière aussi indigne d'un gentilhomme... Et c'est moi qui vous l'ordonne, entendez-vous, M. le marquis de Carvajal?

CARVAJAL.

Et s'il me plaît de rester ici, moi?...

LÉONARDO.

Tenez, monsieur, vous n'êtes pas le plus fort en présence de cette jeune fille; partout ailleurs je serai votre égal, ici, je vaux plus que vous, car j'ai le sentiment de l'honneur et du devoir qui parlent pour ma cause, comme le cri du remords se fait entendre contre vous... Sortez donc, vous dis-je, où je ne me retiendrai pas longtemps peut-être.

CARVAJAL, à part.

(*A part*). Que le diable l'emporte... Mais il me vient une bonne idée, (*haut*). Je sortirai, en effet, jeune téméraire, mais je ne sortirai pas seul... Tu viens de provoquer insolemment un gentilhomme; le gentilhomme veut bien descendre de son rang pour te punir comme tu le mérites... Me comprends-tu, maintenant, ou faut-il, pour aiguiser ton honneur, que je m'explique d'une manière plus intelligible.

LÉONARDO.

C'est donc un duel que vous demandez, monsieur?...

CARVAJAL.

Vous hésitez, jeune homme, je savais bien qu'en présence d'un ennemi loyal et d'un combat honorable, le sang du peuple ne démentirait pas son obscure origine.

LÉONARDO.

Le sang du peuple! (*A part.*) Non je ne me trahirai pas. (*Haut.*) Le sang du peuple, monsieur, vaut bien celui des gentilshommes. Croyez-le... J'accepte votre défi, M. de Carvajal, où vous trouverai-je?

CARVAJAL.

Au carré de la Rotonda.

LÉONARDO.

Soit... Vos armes?...

CARVAJAL.

L'épée... C'est l'arme du gentilhomme.

LÉONARDO.

Votre heure?...

CARVAJAL.

Celle qui s'écoule... Je vais vous y attendre, jeune homme. Nous verrons si vous aurez le courage de vous y rendre...

LÉONARDO.

J'y serai avant vous, monsieur.

CARVAJAL.

Il suffit. (*A part.*) A moi Antonia, maintenant.

(Il sort).

SCÈNE VIII.

LÉONARDO, *entr'ouvrant les rideaux de l'alcôve où Antonia est évanouie.*

LÉONARDO.

Un duel!... Je n'ai pu le refuser... Si je succombais, pourtant!... Que deviendrait la pauvre Antonia, ma fiancée!... si jeune et si belle!... si intéressante et si candide!... et cependant je ne puis, je ne dois pas reculer... Allons! pas de faiblesse, Léonardo, profitons de cet instant!... qu'elle ignore du moins le danger qui me menace... il le faut!... mais avant, un baiser, un seul baiser sur cette jolie bouche... ce sera le dernier peut-être.

(Il effleure la bouche d'Antonia).

ANTONIA, *comme revenant à elle.*

Léonardo! Léonardo!

LÉONARDO.

Allons! maintenant où jamais... (*Il laisse les rideaux entr'ouverts et se dirige vers la porte*). Adieu, mon Antonia... pour toujours peut-être... Oh! mon Dieu, protégez-moi!... conservez-moi pour elle... Allons.

(Il sort).

SCÈNE IX.

ANTONIA, MADAME DES URSINS ET FABRICE *sortant du cabinet.*

MADAME DES URSINS.

Tu le vois, Fabrice, je n'aurais pu supporter sa présence... lui, que j'ai tant aimé, mon Dieu! Mais cette jeune fille, ah! cachons-lui ce qui vient de se passer ici... et je ne puis éviter ce duel!... ce pauvre Léonardo, si beau, si dévoué, si courageux et si résolu!... sa mort, du moins, sera vengée d'une manière terrible... Oh! marquis de Carvajal, ce que vous faites est atroce!... Cette jeune fille est si intéressante!... En vérité, j'éprouve pour elle un intérêt que je me croyais loin de ressentir pour personne.

FABRICE.

Mais la voilà qui revient à elle, madame ; ses lèvres prononcent des mots entrecoupés ; c'est le nom de son amant !... de Léonardo !... Quelle ravissante créature, mon Dieu !...

ANTONIA, promenant autour d'elle des yeux égarés.

Léonardo !... Léonardo !...

MADAME DES URSINS, s'approchant d'Antonia

Vous demandez Léonardo, mon enfant ; calmez-vous, il va revenir...

ANTONIA.

Mais qui êtes-vous, vous, madame ? je ne vous connais pas.

MADAME DES URSINS.

Une amie de Léonardo... par conséquent votre amie, mon enfant.

ANTONIA.

Mon Dieu !... quel songe terrible je viens d'avoir !... il me semblait... Ah ! mais à présent que je me rappelle... Oui ! c'est la vérité !... je revenais de chez Cécilia... un homme à figure sinistre m'a rencontrée dans la rue... j'ai fui !... il m'a poursuivie !... ici !... oui... dans ma chambre même... Léonardo ! cet homme !... deux épées !... je me suis trouvée mal... Où est Léonardo, mon Dieu ?

MADAME DES URSINS.

Léonardo va revenir dans un instant, mon enfant... calmez-vous, et ne pensez pas surtout à votre vilain songe ; vous savez bien que les rêves ne sont pas la vérité... vous avez été un peu malade, voilà tout !... Grâce à Dieu et à monsieur (*montrant Fabrice*), qui est médecin, votre état ne donne plus d'inquiétude, et la vue de votre Léonardo qui va rentrer dissipera ces alarmes mensongères... Allons ! remettez-vous, Antonia... n'avez-vous pas maintenant une amie qui qui vous aime ?...

ANTONIA.

Ah ! tenez, vous me trompez... je n'ai pas rêvé, maintenant... je sais tout... oui, tout !... Léonardo se sera battu pour me défendre, et il aura été tué... (*se relevant convulsivement*)... Léonardo !... Léonardo !... rendez-moi mon amant !... je veux le voir !... je le veux !... (*retombant encore sans connaissance sur le lit.*) mais rendez-moi donc Léonardo, vous dis-je.

MADAME DES URSINS.

Mon Dieu !... mon Dieu !... cette pauvre enfant !... l'état de cette jeune fille m'inquiète... Il faut aller chercher du secours, Fabrice... Nous ne pouvons pas la laisser ainsi... je cours donner des ordres pour la faire transporter chez moi... toi, Fabrice, reste ici jusqu'à mon retour... hâtons-nous, hâtons-nous, mon Dieu ! il le faut !...

FABRICE.

Soyez tranquille, madame, Fabrice Pétrucci veillera sur elle.

MADAME DES URSINS.

C'est bien, je compte sur toi.

(Elle sort).

SCÈNE X.

ANTONIA évanouie, FABRICE.

FABRICE.

Pauvre enfant !... si belle !... si douce !... si intéressante et si malheureuse. C'est que mes entrailles se sont émues tout de bon, mes entrailles, à moi !... Fabrice Pétrucci, le plus rusé fripon de toute la ville de Madrid !... C'est que j'ai été père aussi, moi !... j'aurai maintenant une fille belle, jeune, intéressante comme cette Antonia que j'admire ; mais le ciel n'a pas eu pitié du pauvre Fabrice ; un beau jour, mon enfant, mon unique enfant, le seul souvenir d'une épouse bien-aimée, m'a été ravi, enlevé par une mort aussi douloureuse que terrible... Le ciel punissait les fautes du père par la mort de sa fille... J'ai eu des torts, bien des torts à me reprocher depuis, mon Dieu ; car ces malheurs que la Providence avait amassés sur ma tête, je les ai fait expier à d'autres par haine et par envie... Oui !... j'ai été bien criminel !... mais maintenant la vue de cette jeune fille me rappelle à tous mes bons sentiments d'autrefois, et, riche des libéralités de madame des Ursins, j'espère bien me faire pardonner à l'avenir les erreurs fatales de ma vie... Et maintenant que le repentir entre dans mon âme, ô mon Dieu, qui pouvez juger le fond de mes pensées, exaucez la première prière d'un malheureux comme moi, en lui accordant la vie de Léonardo et le bonheur de cette jeune fille !... mon Dieu ! mon Dieu !... Si vous voulez m'entendre, n'oubliez pas que c'est Fabrice Pétrucci qui vous implore pour la première fois. (*Il se met à genoux près du lit d'Antonia, et y demeure quelques instants plongé dans un profond recueillement.* Mais on vient !... Dieu écoute ma voix !... mais non... ce sont les pas de plusieurs hommes... ils viennent ici... le marquis de Carvajal, mon maître !... tout est perdu !... où me cacher, mon Dieu !... ah !... cette alcôve !... oui, c'est cela... mon Dieu ! mon Dieu n'abandonnez pas cette pauvre orpheline...

(*Il se cache dans la partie de l'alcôve que les rideaux dérobent aux spectateurs. La porte s'ouvre et donne passage au marquis de Carvajal, suivi de quatre hommes masqués en officiers de l'inquisition*).

SCÈNE XI.

FABRICE, *caché* ; **LE MARQUIS DE CARVAJAL** ; **ANTONIA** *évanouie*, **LES HOMMES DÉGUISÉS**.

CARAJAL, *montrant Antonia*.

C'est là cette jeune fille... Exécutez mes ordres... Au château de Carvajal !...

(*Les hommes masqués prennent Antonia dans leurs bras et l'emportent*).

CARVAJAL, *sortant*.

Léonardo !... Léonardo !... Imbécile qui m'attend à la Rotonda. Je vous tiens maintenant ; Antonia est à moi... j'espère que le marquis de Carvajal a tenu sa parole...

(*Il sort*).

SCÈNE XII.

FABRICE, *sortant de sa cachette*.

Prenez garde, aussi, M. le descendant des rois de Castille et d'Aragon, que madame la princesse des Ursins ne tienne aussi ses promesses... Allons !... il n'y a pas de temps à perdre... Courons les sauver tous les deux.

FIN DU DEUXIÈME ACTE.

ACTE TROISIÈME.

Un cachot de l'hôtel de Carvajal, près de Madrid. — Grande porte au fond. — Porte secrète à droite du spectateur. — Un lit à gauche.

SCÈNE Ire.

ANTONIA, LE GEOLIER.

ANTONIA.

Mais, où suis-je, mon Dieu?... Ah! par pitié, dites-moi du moins ce que j'ai fait pour me voir traiter de la sorte?... Tout ce que je sais, c'est le nom de celui qui m'a enlevée, nom que ses infâmes satellites ont prononcé par hasard près de moi...

LE GEOLIER.

Jeune fille, les geôliers sont comme les murs de leurs cachots : ils ont des yeux pour voir, des oreilles pour entendre; ils n'ont point de langue pour parler... Le meilleur parti que vous ayez à prendre c'est de vous résigner ; quant à moi, je vous laisse ; car la compassion me gagnerait peut-être, et je dirai des choses que je ne dois pas dire... Allons, jeune fille, du calme et du repos.

SCÈNE II.

ANTONIA, *seule*.

Du calme et du repos!... Ils sont bien tous ainsi, ces cœurs impitoyables et féroces ; aussi durs que les verroux de ces portes mugissantes, aussi sombres que ces prisons infernales ; aussi impénétrables que les mystères de la destinée... Du calme et du repos!... a-t-il dit; comme si je pouvais trouver le calme loin de la liberté, et le repos, quand mon esprit se tord dans les plus affreuses pensées... Pauvre Antonia !... Ce n'était donc pas assez pour toi d'avoir perdu tes parents, ta fortune, tout ce qui te fut cher au monde, il te fallait tomber encore entre des mains barbares et perfides... Que s'est-il donc passé, mon Dieu !... Ce matin j'étais si heureuse !... les heures de la vie ressemblent aux étoiles du ciel, aujourd'hui brillantes sur un firmament sans nuages, demain voilées par les brouillards épais de l'hiver... aujourd'hui la douce rosée... demain la pluie mugissante et dévastatrice !... aujourd'hui le miel... et demain l'amertume !... Marquis de Carvajal, je te reconnais bien là... ta vengeance a été comme ta conduite, lâche et déloyale... Mais si la volonté du ciel me met en ta puissance, n'espère pas que mon énergie m'abandonne au moment du péril et qu'Antonia Moralès aille lâchement trahir son amour et sa foi!... La mort plutôt que le déshonneur!... ma résolution est aussi énergique que la tienne, et nulle violence au monde n'est capable de la briser... Si Leonardo savait du moins... La Providence ne sera pas assez cruelle pour me persécuter sans cesse ; si les larmes des justes ont accès auprès de Dieu, il m'est permis d'espérer encore ; qui sait d'ailleurs si la fortune ne s'est appesantie sur moi que pour me faire mieux sentir le prix du bonheur qui doit me sourire... le bonheur et le malheur ne sauraient exister l'un sans l'autre; sans l'opposition de la peine le plaisir n'aurait plus de prix... Je ne sais pourquoi je suis plus contente que je ne devrais l'être... j'ignore quelle sainte voix fait entendre à mes oreilles un rêve d'espérance et de joie... mes paupières se ferment malgré moi sous la main de l'ange bien-aimé de Dieu, et de douces images s'envolent radieuses dans mon esprit agité, et viennent me bercer... de ces illusions incompréhensibles... qui font trouver si doux le sommeil... (*Elle s'appuie presque endormie sur le bord du lit...*) Léonardo !... Léonardo !... (*se relevant tout à coup par un bond désespéré...*) Mais je ne dois pas dormir... ici... au pouvoir de mon lâche ravisseur !... s'il allait profiter... de mon sommeil... Non !... non !... je ne dois pas (*elle fait un effort pour marcher, mais retombe épuisée sur sa couche...*) et cependant... je succombe... à tant de luttes... à tant de fatigues... l'ange de Léonardo... veillera sur moi... Léonardo !... Léonardo !

(Elle s'endort).

SCÈNE III.

ANTONIA, *endormie* ; CARVAJAL ET FABRICE, *une lampe à la main, entrent par la porte secrète.*

FABRICE.

Elle dort, monseigneur.

CARVAJAL.

C'est bon... Je ne sais pourquoi la vue de cette jeune fille me remplit de crainte et d'effroi !... laisse-moi contempler un instant le sommeil de l'innocence...

FABRICE.

Vous avez eu tort de recourir à la violence, monseigneur ; mais puisque vous en êtes arrivé à ce point, il n'y a plus à balancer...

CARVAJAL.

Aussi ne reculerai-je pas... il le faut d'ailleurs, Fabrice... ne suis-je pas ruiné si ce soir Antonia Moralès n'est pas ma maîtresse ?... Rien au monde ne peut maintenant l'arracher de ma puissance...

FABRICE, *à part.*

Vous croyez, M. le marquis de Carvajal... Nous verrons...

CARVAJAL.

Je ne sais pourquoi, cependant, de noirs pressentiments viennent m'accabler en présence de cette délicieuse créature... Cette lettre de madame des Ursins...

FABRICE.

Que cette lettre ne vous inquiète pas, monseigneur... ; ne troublez pas votre esprit de mauvais rêves, et dormez en paix sous mon aile protectrice... Songez que je veille sur vous, marquis de Carvajal !... (*à part*)... Ton réveil sera terrible, mon maître !...

CARVAJAL.

C'est vrai, j'ai eu tort de me troubler ainsi ; mais, malgré moi, depuis cette fatale lettre... A propos, comment trouves-tu que je me suis débarrassé de cet imbécile de Léonardo, qui m'attend au carré de la Rotonda pour le duel en question ?... Tu vois que je suis passé maître en fourberie... Pendant que mon rival irrité se laisse emporter par l'élan d'un fol amour-propre, je lui enlève sa maîtresse, et je la conduis dans un lieu où elle sera à l'abri de ses recherches inopportunes... Vive Dieu !... Fabrice, je ne me nomme pas pour rien le marquis de Carvajal.

FABRICE.

Allons !... songez à vos amours, monseigneur... ce n'est pas en présence d'une aussi ravissante créature que la crainte doit trouver place dans le cœur d'un homme tel que vous... hâtez-vous donc, car vous n'avez pas de temps à perdre, et vos amis prévenus ne manqueront pas de se rendre ici à l'heure indiquée... (*A part.*) D'autres personnes s'y trouveront aussi, peut-être.

CARVAJAL.

C'est pour elle que j'expose ma fortune, mes titres, mon avenir !... Eh bien, Fabrice, je ne regretterai ni ces titres, ni cette fortune, ni cet avenir, si j'obtenais, par un tel sacrifice, un seul aveu de cette bouche divine !... cette femme exerce dans mon âme une fascination incompréhensible ; et ses rigueurs ne font qu'enflammer ma passion.

FABRICE.

Que votre amour, du moins, ne vous fasse pas reculer, et que le marquis de Carvajal n'aille pas expier aujourd'hui par une défaite tout l'éclat de ses triomphes passés... L'astre brillant de Madrid pâlirait-il devant une simple fleur des prairies?

CARVAJAL.

Non, Fabrice, si la fortune m'abandonne, je serai du moins fidèle à moi-même... d'ailleurs cette femme est en ma puissance, et elle sera à moi... parce que je le veux... cela suffit éloigne-toi ; je crois d'ailleurs qu'Antonia s'éveille... et la vue de deux hommes pourrait l'effrayer.

ANTONIA, à demi-endormie.

Léonardo !... Léonardo !...

CARVAJAL.

Ah ! ce nom maudit réveille ma fureur assoupie... Allons, marquis de Carvajal, du courage devant cette femme... Toi, Fabrice, va-t'en !...

FABRICE.

Je vous obéis, monseigneur (*A part.*) Marquis de Carvajal tu n'auras pas cette femme... ni la couronne d'Espagne non plus... car Fabrice Pétrucci s'y oppose...

SCÈNE IV.

ANTONIA, CARVAJAL.

ANTONIA.

Léonardo !... Léonardo !... mais où suis-je mon Dieu ? Ce lieu sombre !... cette voûte froide et glacée !... ce silence de mort !... ce spectre qui se tient devant moi, menaçant et terrible !... que signifie tout ceci de grâce?...

CARVAJAL.

Cela signifie, Antonia, que le marquis de Carvajal, le plus humble et le plus soumis de vos adorateurs, vous renouvelle ses respects et ses hommages sincères...

ANTONIA, se relevant.

Carvajal, dites-vous !... ah oui !... je vous reconnais... vous êtes mon bourreau, monseigneur...

CARVAJAL.

Je suis Carvajal, en effet, jeune fille, mais votre amant et non pas votre bourreau...

ANTONIA.

Vous venez donc pour me tuer, monseigneur ; c'est tout ce que je dois attendre de vous... Tenez, tuez-moi donc, monsieur le marquis, et ne me forcez pas de soutenir plus longtemps ces regards qui me font trembler et frémir, et ces propos insolents qui m'effrayent.

CARVAJAL.

Ce n'est plus le même homme qui est devant vos yeux, Antonia ; en effet, j'ai eu des torts, de grands torts envers vous ; mais je viens vous en demander pardon à genoux, et vous les oublierez, n'est-ce pas, car vous êtes si bonne... et moi si coupable.

ANTONIA.

Vous ne venez donc pas pour me tuer, en effet ?

CARVAJAL.

Moi venir pour vous tuer, Antonia ; moi qui vous aime tant !... Jugez donc de ma passion pour vous par cet enlèvement qui vous a mise en mon pouvoir !

ANTONIA.

Vous ne venez pas pour me faire du mal, monsieur le marquis ? mais alors pourquoi ne me rendez-vous pas d'abord cette liberté que vous m'avez ôtée ?... Vous dites que vous m'aimez, monseigneur,... pourquoi me laissez-vous plus longtemps dans ces prisons obscures et affreuses ?... Nous allons sortir, monsieur le marquis de Carvajal !... ailleurs je pourrai vous répondre ; ici je ne le puis, je ne puis voir en moi qu'une victime dont vous vous êtes fait l'oppresseur.

CARVAJAL.

Mais cette liberté que vous me demandez, je suis venu pour vous la donner, Antonia, si vous m'aimez... Je crains de vous donner des ailes, tant je voudrais vous conserver à moi !... Tant d'amour n'a-t-il pas avec lui son excuse ?

ANTONIA.

Vous devriez savoir pourtant, monseigneur, que ce n'est point par la force que l'on peut espérer l'amour d'une femme... Mais je vous crois plus généreux, et, tenez, je crois que ceci n'est qu'une plaisanterie... Je suis sûre que vous venez me rendre à Léonardo, n'est-ce pas ?... Eh bien ! je vous pardonnerai de tout mon cœur, et lui aussi vous pardonnera, car il est si bon, Léonardo !... et nous vous aimerons bien tous deux, car nous vous devrons notre bonheur, n'est-ce pas, monsieur de Carvajal ?

CARVAJAL.

Écoutez, Antonia... ne vous jouez pas d'un homme qui vous aime en prononçant devant lui le nom d'un rival préféré... Un mot de vous peut me faire rester le plus humble et le plus dévoué des hommes, comme un seul mot aussi peut m'en rendre le plus terrible et le plus redoutable.

ANTONIA.

Et vous venez pour obtenir ce mot, monseigneur ?

CARVAJAL.

Comme vous dites, Antonia.

ANTONIA.

Quel est donc ce mot si impatiemment attendu, monsieur le marquis ?

CARVAJAL

Un mot d'amour de vous, mon Antonia.

ANTONIA.

Et si je le prononçais, quelle serait ma récompense ?

CARVAJAL.

Ma soumission à vos volontés, mon enfant, et puis...

ANTONIA.

Et puis ?...

CARVAJAL.

Votre liberté.

ANTONIA.

Et Léonardo ?...

CARVAJAL.

Toujours ce Léonardo !

ANTONIA.

Tenez, monseigneur, ces offres seraient beaucoup pour une autre, elles ne sont rien pour moi!... Je serai franche avec vous, monsieur le marquis, et toute prisonnière que je sois ici, je ne chercherai pas à vous calmer par des paroles mensongères et à vous tromper par des promesses que je ne tiendrai pas... Renoncez à moi, monseigneur, car je ne vous aime pas et je ne vous aimerai jamais.

CARVAJAL.

Eh bien! moi aussi, Antonia, je vous rendrai franchise pour franchise... J'oubliais de vous annoncer une clause importante du seul mot d'amour que j'attends... la vie de Léonardo dépend de ce mot, peut-être...

ANTONIA.

La vie de Léonardo !

CARVAJAL.

De lui-même.

ANTONIA.

Et vous oseriez attenter à ses jours?

CARVAJAL.

Si vous ne m'aimez pas, Antonia.

ANTONIA.

Léonardo, avez-vous dit?... Tenez, vous me trompez, marquis de Carvajal; vous ne serez pas assez lâche pour attenter à sa vie!... Léonardo!... Léonardo!... Mais qu'en avez-vous fait de Léonardo, monseigneur? Il est sorti avec vous ce matin... dites, qu'en avez-vous fait?... Vous l'avez déjà tué, peut-être!...

CARVAJAL.

Léonardo est libre, Antonia; mais sa vie dépend de moi... c'est-à-dire de vous...

ANTONIA.

Mais qui vous fait parler de la sorte, monsieur ?

CARVAJAL.

L'amour que j'ai pour vous, Antonia.

ANTONIA.

Vous m'aimez donc beaucoup, monsieur de Carvajal?

CARVAJAL.

Si je vous aime !... vous me le demandez?

ANTONIA.

Oui, je vous le demande; car, en vérité, vous avez une singulière manière de le prouver à mes yeux.

CARVAJAL.

Si vous n'avez pas compris plus tôt mon amour, c'est peut-être ma faute, Antonia !... Eh bien !... je vais essayer maintenant de vous convaincre... si je vous offrais le titre de ma femme, mes biens, ma fortune, mon nom!... si je vous faisais souveraine dans ces lieux qui vous ont vu tremblante et désolée!... si je mettais à vos pieds ce front qui vous a bravée, ce bras qui vous a menacée, ce cœur qui vous a insultée!... si je pliais la fierté de la noble maison de Carvajal jusqu'à s'allier au nom plébéien des Moralès!... dites, Antonia, ne trouveriez-vous pas que j'ai de l'amour pour vous?

ANTONIA.

Et vous feriez tout cela pour moi, monseigneur?

CARVAJAL.

Je fais mieux que de vous le promettre, Antonia... je vous l'offre, ce soir, à l'instant même, oui, à l'instant, si vous le voulez.

ANTONIA.

Eh bien! monseigneur, je vous plains de toute mon âme; car maintenant je crois à cet amour que vous dites avoir pour moi; mais je ne pourrai jamais y répondre... je ne puis aimer et je n'aimerai jamais d'autre époux que celui qui possède mon cœur...

CARVAJAL, avec une expression de rage concentrée.

Léonardo, sans doute?

ANTONIA.

Léonardo, monseigneur.

CARVAJAL, irrité.

Je prends le ciel à témoin que j'ai assez supporté vos rigueurs et vos sarcasmes, Antonia... grâces à Dieu, j'ai été calme et froid, et j'ai retenu mon orgueil offensé... mais je vais maintenant changer de ton et de langage, et puisque mes prières ni mes offres généreuses n'ont pu fléchir votre obstination inconcevable; puisque la vie même de votre amant n'a pu vous intéresser assez pour me prononcer une seule parole de tendresse et de sympathie, eh bien!... Antonia Moralès, sachez que je suis le maître ici, et que ce soir vous serez à moi, marquis de Carvajal!... Vous avez refusé d'être ma femme, vous serez ma maîtresse... Vous êtes entrée ici pure et sans tache, vous n'en sortirez, je le jure, que flétrie et déshonorée!...

ANTONIA.

Ah! dites-moi, monseigneur, que vous tenez ce langage pour m'éprouver; que vous avez voulu me faire peur, je vous croirai et je vous pardonnerai.

CARVAJAL.

Il vous faut des preuves, à ce qu'il paraît, pour vous convaincre : en cavalier expérimenté, je sais ce que signifie une pareille demande, un baiser de ta jolie bouche va me consoler, mon enfant, de ta froideur et de ton indifférence...

ANTONIA.

Oh! vous ne ferez pas cela, monseigneur!!... Tenez, tuez-moi si vous voulez avec ce poignard qui pend à votre ceinture, je m'offre à vos coups sans murmurer, sans frémir; mais, au nom du ciel, ne déshonorez pas une jeune fille sans défense... ce serait infâme, monsieur le marquis!...

CARVAJAL, s'arrêtant.

Antonia... je puis encore m'arrêter... à une condition pourtant... jure-moi de renoncer à Léonardo...

ANTONIA.

Renoncer à Léonardo! jamais, je vous le jure!

CARVAJAL.

Entends-tu bien ce que je te dis, jeune fille?... Encore une fois, tu es en ma puissance, et nul bras ne peut t'arracher à ma passion infernale... Le marquis de Carvajal n'est pas habitué de trembler devant une femme... jure-moi de renoncer à Léonardo, Antonia!

ANTONIA.

Je vous l'ai déjà dit... j'aimerais mieux mourir.

CARVAJAL.

Maintenant il n'y a plus de Léonardo sur la terre pour toi, il n'y a plus que le marquis de Carvajal!...

(Il s'avance vers Antonia, qui recule).

ANTONIA.

Ah! par pitié, monseigneur, ne m'approchez pas!... je vous déteste, vous me faites horreur!... (*Avec force.*) J'aime Léonardo!...

CARVAJAL, tirant son poignard.

Ah! c'en est trop, malheureuse!... Par le sang de mes pères! ta mort seule peut expier ton audace!... Va! je n'ai plus d'amour pour toi maintenant... je te hais, je te hais, Antonia Moralès!... m'entends-tu?... je te hais!... Il n'y a plus de pitié pour toi, il faut que tu meures!... c'est un tigre altéré de sang qui te menace! c'est un assassin qui a soif du sang de sa victime!... il faut que tu meures!... Tu vas mourir, Antonia, entends-tu?...

ANTONIA.

Je vais mourir!... je vais mourir!... Au secours!... au secours, mon Dieu! ayez pitié de moi!...

CARVAJAL.

Antonia Moralès, as-tu quelque prière à faire à l'Être suprême?... hâte-toi de la faire, Antonia, car tu vas mourir.

ANTONIA.

Je vais mourir, mon Dieu!...

CARVAJAL.

As-tu quelque doux gage à envoyer à ton Léonardo? quelque doux souvenir à lui adresser pour qu'il se rappelle de toi? un dernier baiser d'amour à lui laisser sur la terre?... je m'en chargerai, Antonia, car tu vas mourir!...

ANTONIA.

Léonardo!... Léonardo!...

CARVAJAL.

Rassure-toi, je ne tuerai pas ton Léonardo maintenant, comme je t'avais promis de le faire... je le laisserai vivre; car, une fois morte, ton Léonardo ne t'aimera plus comme je l'aurais fait, moi, Antonia, si tu m'avais aimé; quelque autre femme le consolera bientôt de ta perte, et l'ingrat viendra fouler ta tombe en dévorant de caresses celle qui t'aura remplacé dans son cœur.

ANTONIA.

Mais tuez-moi donc, monseigneur, car tout ce que vous dites est atroce... tuez-moi donc, mon Dieu!... Qu'attendez-vous?... Tuez-moi!... tuez-moi!...

(Elle tombe à genoux, immobile de terreur et d'effroi).

CARVAJAL, le poignard à la main.

Je tremble malgré moi!... On ne devient pas assassin si vite, mon Dieu!... Je ne croyais pas qu'un coup de poignard fût si difficile à donner... Je me suis battu six fois en duel, et six fois j'ai donné la mort à mon adversaire... ma conscience ne m'a rien reproché... Mais aujourd'hui, lever ma main sur cette jeune fille sans défense, l'assassiner lâchement comme un vil brigand pourrait le faire, je ne l'ose pas, je ne le puis, et le cœur se soulève à une action pareille... Et cependant, si je lui fais grâce, cette Antonia qui m'a si outrageusement repoussé, deviendra la maîtresse, la femme de ce Léonardo que j'abhorre... et je serai en butte, moi, marquis de Carvajal, à leurs insultes et à leurs railleries amères, et ils viendraient me cracher au visage tout l'amour qu'ils ont l'un pour l'autre !... Je puis rétablir ma fortune, mon avenir !... mais cette femme... non, je ne dois pas la laisser vivre !... Allons !... du courage, et frappons !...

(Il tire le poignard).

SCÈNE V.

CARVAJAL, FABRICE, *retenant le poignard de Carvajal.*

FABRICE, à part.

Il était temps !... (*Haut.*) Que vois-je, monseigneur ?... ce poignard !... cet air égaré !... Vous ne voulez pas tuer cette femme ?

CARVAJAL.

Je ne veux pas la tuer ?... Fabrice, si tu savais... Mais recule-toi et laisse-moi accomplir ma vengeance !

FABRICE.

Modérez-vous, monseigneur... Tenez, donnez-moi ce poignard... cette arme deviendrait dangereuse dans vos mains, et vous vous repentiriez plus tard de ce que vous en auriez fait aujourd'hui.

ANTONIA.

Léonardo !... Léonardo !...

CARVAJAL.

Mais ne l'entends-tu pas me jeter toujours ce nom maudit à la face ?... Oui !... cet appel me rend tout mon courage et toute ma force, et c'est son arrêt de mort qu'elle vient de prononcer elle-même... Allons !... que les remords s'éteignent dans mon âme vindicative et passionnée, que les furies me poursuivent de leurs torches incendiaires et de leurs serpents déchaînés, je veux, je puis et je dois me venger !... De par tous les diables d'enfer !... finissons-en !... (*Au même instant, un bruit de pas se fait entendre. Carvajal, étonné, s'arrête, le poignard à la main.*) Au nom du ciel, qui peut venir à cette heure dans ces galeries souterraines ?

FABRICE, *se plaçant de manière à fermer le passage de la porte secrète.*

C'est la justice des hommes qui vient précéder celle de Dieu !... Marquis de Carvajal, songez à votre âme, si vous en avez une, car vous êtes perdu !...

CARVAJAL, laissant tomber le poignard.

Trahi !... trahi !...

(On frappe à la porte avec violence et on entend la voix des soldats qui crient : Ouvrez, au nom du roi !)

FABRICE.

Le ciel est juste, monseigneur, il punit les coupables.

LÉONARDO, criant.

Antonia !... Antonia !... c'est Léonardo qui vient te secourir !

ANTONIA, se relevant par un mouvement convulsif.

Qui m'appelle ?... Léonardo !... Ah ! je suis sauvée, mon Dieu ; pardonnez-moi !...

CARVAJAL, s'élançant vers le poignard et la retenant du bras.

Sauvée, as-tu dit, malheureuse!... as-tu donc oublié que le marquis de Carvajal est là pour t'arracher au bras de ton amant?... Ah! maintenant que m'importe de mourir, si tu me précèdes dans la tombe et si mon odieux rival ne trouve plus qu'un cadavre à presser sur son sein!... Ah! je me sens la force de te tuer à présent!...

ANTONIA, d'une voix étouffée.

Léonardo!... Léonardo!... il va me tuer!... au secours!...

SOLDATS.

Ouvrez donc!... ouvrez donc!...

(La porte s'agite avec plus de violence).

FABRICE, ramassant le poignard avant le marquis.

Vous ne tuerez pas cette femme, marquis de Carvajal, car je ne le veux pas!... Je ne suis pas venu ici pour voir commettre un crime, mais pour venger l'innocence... Vous ne tuerez donc pas Antonia, car je m'y oppose, moi... Fabrice Pétrucci...

CARVAJAL.

Je la tuerai, te dis-je!... car il me faut sa mort!... A moi ce poignard, Fabrice!...

FABRICE.

Vous ne l'aurez pas, monseigneur!...

(Une lutte s'engage entre le marquis et Fabrice; la porte s'ébranle et paraît prête à céder).

CARVAJAL.

Ah!... traître!... depuis quand un valet se permet-il de parler de la sorte à son maître?

FABRICE.

Nous sommes égaux ici, monsieur le marquis... vous ne l'aurez pas, vous dis-je!...

CARVAJAL.

Le poignard!... le poignard!...

FABRICE.

Non!... non!... jamais.

(La porte cède avec fracas; une vive clarté illumine la scène; Léonardo s'élance vers Antonia et la presse dans ses bras; Carvajal, par un bond désespéré, s'empare du poignard que lui dispute Fabrice; les soldats, placés sur deux haies, tiennent leurs baïonnettes dirigées contre lui).

SCÈNE VI.

CARVAJAL, FABRICE, un OFFICIER DES GARDES DU ROI, ANTONIA, LÉONARDO, GARDES.

LÉONARDO.

Antonia!... Antonia!... Sauvée!...

ANTONIA, dans les bras de Léonardo.

Léonardo!... Ah! maintenant rien ne pourra me séparer de toi!...

L'OFFICIER DES GARDES, s'avançant vers Carvajal.

De par l'ordre du roi, marquis de Carvajal, je vous arrête comme traître et conspirateur.

CARVAJAL, le poignard à la main.

Qui ose appeler le marquis de Carvajal un traître et un conspirateur?

L'OFFICIER DES GARDES.

Moi, don Alonso de Carvajal, qui ai saisi ta correspondance secrète,

CARVAJAL.

Qui, vous?... (*A part.*) Cette voix m'est connue!

L'OFFICIER, *se démasquant à demi.*

Carvajal, me reconnais-tu?... Tu vois que je sais me venger.

CARVAJAL.

Madame des Ursins!... Ah! je suis perdu maintenant... Et celui qui m'a trahi?...

FABRICE.

C'est moi, Fabrice Pétrucci, qui ai voulu racheter par une action honorable les erreurs de ma vie passée.

CARVAJAL.

Tout est donc découvert!... Je suis trahi!... ruiné!... il ne me reste plus que la mort!... Eh bien! madame des Ursins, allez dire au roi Philippe d'Espagne, que les Carvajal ne montent jamais sur l'échafaud, et qu'ils savent mourir en vrais gentilshommes et en descendants des rois de Castille et d'Aragon, comme nous le sommes!... (*Il se frappe et tombe au milieu des soldats.*) Antonia Moralès!... J'aimais cette femme, pourtant!...
(Il meurt.)

L'OFFICIER DES GARDES.

Mort!... Mon Dieu, pardonnez-lui!

SCÈNE VII ET DERNIÈRE.

LES MÊMES, LES SEIGNEURS.

CASTELFIOR.

Carvajal!... Carvajal!... Du sang et du carnage!... Antonia Moralès!... Que signifie ceci, messieurs?

MADAME DES URSINS, *avec un courage affecté.*

Cela signifie, messieurs, qu'un grand coupable est de moins sur la terre et que Sa Majesté catholique a perdu le marquis de Carvajal, son favori...

LÉONARDO.

Cela signifie aussi que le comte Robert d'Aubigny, attaché à l'ambassade de France, vous présente son épouse, Antonia Moralès.

ALMÉIDA.

Cela signifie encore une chose, messieurs, c'est que le ciel punit le vice et récompense la vertu... c'est un avis que nous laisse en mourant notre pauvre cousin Carvajal... Songeons à nous-mêmes et à nos consciences, s'il en est temps encore!...

FIN DU TROISIÈME ACTE ET DE LA PIÈCE.

Ce drame étant la propriété de l'auteur, toute reproduction en est expressément interdite.

Paris. — Typographie de COSSON, rue du Four-Saint-Germain, 47.

www.ingramcontent.com/pod-product-compliance
Lightning Source LLC
Chambersburg PA
CBHW060553050426
42451CB00011B/1883